F-J

libre

Animales migratorios: Por tierra

por Thea Feldman

Consultora de lectura:
Susan Nations, M.Ed.
autora/tutora de alfabetización/consultora

Consultora de ciencias y contenido curricular:
Debra Voege, M.A.
maestra de recursos curriculares de ciencias y matemáticas

WEEKLY READER®
PUBLISHING

Please visit our web site at: www.garethstevens.com
For a free color catalog describing our list of high-quality books,
call 1-800-542-2595 (USA) or 1-800-387-3178 (Canada).

Library of Congress Cataloging-in-Publication Data available upon request from publisher.

ISBN-13: 978-0-8368-8428-9 (lib. bdg.)
ISBN-10: 0-8368-8428-0 (lib. bdg.)
ISBN-13: 978-0-8368-8433-3 (softcover)
ISBN-10: 0-8368-8433-7 (softcover)

This edition first published in 2008 by
Weekly Reader® Books
An imprint of Gareth Stevens Publishing
1 Reader's Digest Road
Pleasantville, NY 10570-7000 USA

Spanish translation: Tatiana Acosta and Guillermo Gutiérrez

Photo credits: Cover: © Photodisc/Business & Industry, Vol.1; p.4-21: © Photodisc/Techno
Finance; cover: Martin Harvey/Corbis; p. 4: Steve and Ann Toon/Corbis; p.5: Richard Hamilton
Smith/Corbis; p.6: Digital Vision/Getty; p.8: Erwin & Peggy Bauer/Animals Animals; p.9:
Joe McDonald/Corbis; p.10: Michio Hoshino/Minden Pictures; p.11: Art Wolfe/Getty Images;
p.12: John Conrad/Corbis; p.13: George D. Lepp/Corbis; p.14: Christopher Burki/Getty Images;
p.15: Patti Murray/Animals Animals; p.18: Mitsuaki Iwago/Minden Pictures; Frans Lanting/Minden
Pictures; p.20: Craig Lovell/Corbis

Printed in the United States of America

1 2 3 4 5 6 7 8 9 11 10 09 08 07

Contenido

Cubierta y portada: Unos elefantes africanos levantan polvo mientras atraviesan ruidosamente la sabana africana.

¿Por qué migran los animales?

¿Recorrerías una gran distancia por algo importante? ¿Harías un viaje a pesar del mal tiempo? Eso es lo que tendrías que hacer si fueras uno de los animales migratorios terrestres del planeta.

Muchos mamíferos migran para tener a sus crías en lugares seguros donde abunde la comida. En esta fotografía, un antílope springbok africano y su cría pastan juntos.

Una migración es un viaje que se hace regularmente. Algunos animales migran en busca de comida. Los cambios estacionales pueden causar escasez de alimentos en el **territorio** de un animal. El territorio es el lugar donde vive un animal por un periodo de tiempo prolongado. Es el lugar al que regresan muchos animales después de una migración.

Algunos animales terrestres migran en busca de un lugar donde reproducirse y parir. Para otros animales, la razón de su desplazamiento es una combinación de factores que ayudan a su supervivencia.

Algunos animales migran cuando las poblaciones humanas invaden su territorio.

Capítulo 1

Maestros de la migración

El récord de distancia en una migración de animales terrestres pertenece al **caribú de tierra estéril** de Alaska y el norte de Canadá. Estos cérvidos realizan una migración anual de ida y vuelta en la que pueden recorrer más de 3,000 millas (4,800 kilómetros). ¡Ésa es una distancia mayor que la que separa las ciudades de Nueva York y Los Ángeles! Y aunque un avión puede recorrer esa distancia en unas cinco horas, el caribú tarda unos nueve meses en completar su viaje.

Tanto las hembras como los machos de caribú tienen astas. En muchos tipos de cérvidos, sólo los machos tienen astas.

El caribú pasa los fríos inviernos por debajo del **límite de vegetación arbórea** del Ártico. Por encima de ese límite no crecen los árboles. En el verano, el caribú se desplaza hacia el norte para tener a sus crías y alimentarse de hierbas y líquenes cerca de la costa.

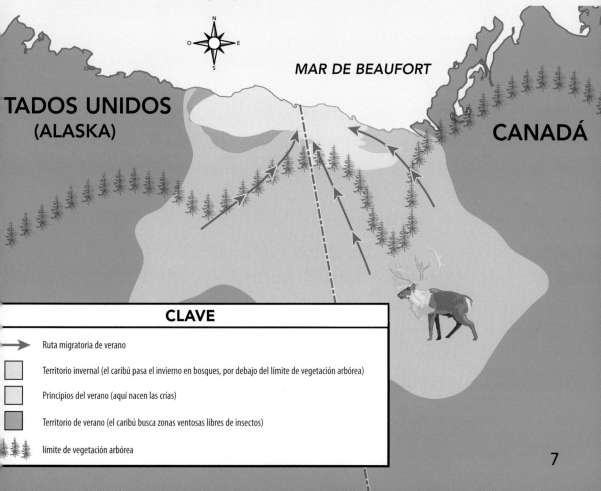

MAR DE BEAUFORT

TADOS UNIDOS
(ALASKA)

CANADÁ

CLAVE

→ Ruta migratoria de verano

Territorio invernal (el caribú pasa el invierno en bosques, por debajo del límite de vegetación arbórea)

Principios del verano (aquí nacen las crías)

Territorio de verano (el caribú busca zonas ventosas libres de insectos)

límite de vegetación arbórea

Los caribúes comienzan su viaje cuando las hembras están a punto de parir. Las hembras de caribú migran hacia la costa de Alaska desde sus territorios de alimentación invernales entre los árboles de la **taiga**. La taiga es un bosque de clima frío. El caribú abandona la taiga a principios de junio en busca de un lugar más seguro para que nazcan sus crías. Los lobos y otros depredadores peligrosos para las crías son más abundantes en la taiga que en las llanuras abiertas.

Unos caribúes jóvenes corren por la orilla rocosa del Ártico.

Una cría de caribú es capaz de caminar dos horas después de nacer, y en pocos días puede desplazarse a la misma velocidad que la manada. Eso es importante porque, hacia mediados de julio, la manada se pone en marcha. Se dirige hacia el norte, en busca de colinas con viento libres de molestos mosquitos y con abundantes hierbas y **líquenes**.

En las praderas árticas abundan las plantas bajas de las que se alimenta el caribú durante el verano.

9

En el otoño, los caribúes se dirigen al sur para escapar de las fuertes nevadas y de las temperaturas extremas. Cientos de miles de animales viajan juntos en una manada que se extiende cientos de millas o kilómetros. Afrontan muchos peligros, desde el de los depredadores hasta el riesgo de ahogarse al cruzar los caudalosos ríos o de hundirse en el fino hielo. Sin embargo, la mayoría consigue llegar a sus territorios de alimentación invernales.

Los caribúes de una manada nadan a través de un río de Alaska durante su migración anual.

Capítulo 2

Viajeros invernales

El venado bura, otro tipo de cérvido de América del Norte, se desplaza en busca de alimento durante los fríos y nevados inviernos. Recorre menos de 100 millas (160 kilómetros), ¡pero todas cuesta abajo! Los venados bura pasan el verano en las montañas, comiendo plantas y bayas. El invierno lo pasan en los valles, donde es más fácil encontrar **vegetación** entre la nieve blanda.

Un venado bura asciende en verano y desciende en invierno.

No todos los animales se alejan del frío. Para el oso polar, por ejemplo, ¡cuanto más frío, mejor! Los osos polares pasan parte del año cazando su comida favorita, las focas anilladas, en **bancos de hielo**, grandes masas de hielo flotante, al norte del Círculo Polar Ártico.

En invierno, cuando el hielo se extiende, los osos polares tienen un territorio más extenso. Muchos migran hacia el sur. En primavera y verano, cuando el hielo empieza a desaparecer, los osos regresan al norte. Algunos no llegan a tiempo a la banquisa de hielo en el norte y quedan aislados en tierra. Allí se alimentan de animales árticos (¡hasta de caribúes!) y de bayas. Después, se reúnen en la costa en otoño a esperar que el agua se congele para poder dirigirse de nuevo hacia el norte.

¡Hogar, frío hogar! El territorio de este oso polar es más extenso cuando el mar polar se congela.

Muchos científicos están preocupados porque el calentamiento global está reduciendo la extensión de la banquisa de hielo y destruyendo el hábitat natural del oso polar.

Los osos polares y los seres humanos suelen encontrarse en los límites de la banquisa de hielo. Fotógrafos y turistas se congregan donde los osos polares esperan que el mar se congele.

Capítulo 3

Alimentación y reproducción

Las hormigas legionarias se desplazan en enormes **colonias** ¡de hasta 2,000,000 de individuos! Muchas de estas hormigas no superan los 2/3 de pulgada (1 cm) de largo, pero una colonia en movimiento puede formar una masa de más de 30 pies (9 m) de ancho.

Los colmillos de algunas hormigas legionarias pueden atravesar la piel hasta el hueso.

Estos insectos **carnívoros** (comedores de carne) de América Central, América del Sur y África son nómadas. No tienen un territorio estable. Para buscar comida tienen que desplazarse sin parar. En su avance, devoran cualquier insecto que encuentran, y también animales pequeños como roedores y lagartos que se cruzan en su camino. Las hormigas legionarias viajan sobre todo de noche, y pueden devorar más de 100,000 insectos en una de sus expediciones.

Unas hormigas legionarias han matado a este lagarto, que no fue lo bastante rápido para escapar. Las hormigas se abalanzan sobre pequeños reptiles y roedores y los atacan con sus colmillos.

En una colonia de hormigas legionarias sólo se reproduce la hormiga reina, que deposita sus huevos durante los periodos de descanso de la colonia. Los cangrejos rojos de la isla australiana de Navidad, sin embargo, migran para que *todos* puedan reproducirse. Cada mes de noviembre, estos cangrejos terrestres comienzan un viaje de 18 días desde sus **madrigueras** en el bosque hasta la costa. Cada hembra deposita hasta 100,000 huevos en el mar.

Cuando los cangrejos rojos de la isla de Navidad se ponen en marcha, nada puede detenerlos; ni siquiera un edificio. ¡Si es necesario, lo atraviesan!

Los huevos se abren inmediatamente. Las larvas que salen pasan un mes en el agua. Después de un mes, las larvas reciben el nombre de **megalopas**. En el agua, las megalopas corren el riesgo de ser devoradas por mantarrayas y enormes tiburones ballena. Las que sobreviven llegan a la orilla, comienzan a respirar aire fuera del agua, y marchan hacia el bosque. Allí pasan bajo tierra la mayor parte de los dos o tres años siguientes.

La isla de Navidad pertenece a Australia, pero está muy lejos de su costa noroccidental.

17

Capítulo 4

Grandes viajeros

Los elefantes africanos también hacen migraciones para buscar alimento. Si no lo hicieran, ¡no les quedaría nada que comer! Los elefantes pasan la mayor parte del día alimentándose. Cada uno de estos gigantescos **herbívoros**, o comedores de plantas, ingiere más de 300 libras (136 kg) de comida al día.

Una manada de elefantes suele estar formada por unas 20 hembras y machos jóvenes. Durante la migración, muchas manadas pequeñas se unen, e incluso acuden machos solitarios adultos. Durante una migración, una manada puede tener unos 500 elefantes hambrientos.

Una manada inicia su migración.

Durante la estación lluviosa, los elefantes se dirigen hacia el sur, a la **sabana**, donde está creciendo la hierba verde. En la estación seca, los elefantes migran de nuevo hacia el norte, para alimentarse de hojas y corteza de árboles en boscosas junto a las orillas de los ríos.

Manadas de elefantes se abren paso por los pantanos mientras buscan comida durante una migración.

A destacar: Operación Migración

La migración más grande y peligrosa se produce anualmente en el Serengueti, una región de sabana y arbolado en Tanzania, una nación de África. En la estación lluviosa, casi 1,500,000 ñúes y 750,000 cebras migran en la misma dirección que siguen los elefantes, hacia el sur, a la exuberante sabana, una llanura cubierta de hierba. Allí permanecen pastando.

Una enorme manada de ñúes cubre las praderas del Serengueti.

En la estación seca, regresan a las zonas de bosque. En
el camino, se enfrentan a muchos peligros, incluyendo la
posibilidad de ser aplastados por la manada. Algunos animales
son presa de los depredadores, entre los que se encuentra el
peligroso cocodrilo de río. Casi 500,000 crías de ñu nacen en la
sabana y están listas para migrar cuando la manada regresa al
norte.

La gran migración del Serengueti

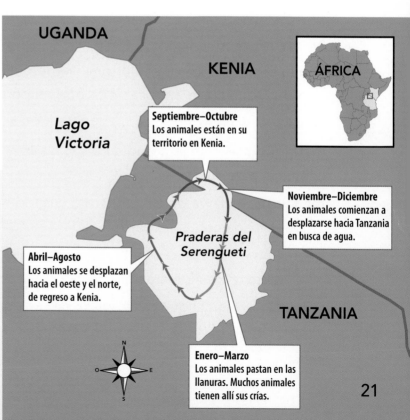

CLAVE

Territorio

Viaje hacia el sur

Viaje de regreso

UGANDA

KENIA

ÁFRICA

Lago Victoria

Septiembre–Octubre
Los animales están en su territorio en Kenia.

Noviembre–Diciembre
Los animales comienzan a desplazarse hacia Tanzania en busca de agua.

Praderas del Serengueti

Abril–Agosto
Los animales se desplazan hacia el oeste y el norte, de regreso a Kenia.

TANZANIA

Enero–Marzo
Los animales pastan en las llanuras. Muchos animales tienen allí sus crías.

21

Glosario

banco de hielo — masa flotante de hielo

carnívoro — que come carne

Círculo Polar Ártico — línea imaginaria que marca la región que rodea al Polo Norte

colonia — grupo de animales, como las hormigas, que viven juntos y dependen unos de otros

depredador — animal que mata a otros animales para comérselos

herbívoro — que come plantas

liquen — organismo de color gris, verde o amarillo, similar a una planta, que crece en rocas y en otras superficies planas

llanura — área extensa, llana, sin árboles y cubierta de hierba

madriguera — agujero pequeño excavado en el suelo por un animal para vivir

megalopa — larva de cangrejo rojo cuando tiene aproximadamente 1 mes de edad

migración — desplazamiento regular entre dos puntos para buscar alimento, para el apareamiento o en busca de un clima mejor

nómada — animal que se desplaza de un lugar a otro en busca de comida

sabana — área de pradera llana con pocos árboles

taiga — bosque en zona de clima frío

territorio — lugar en que vive un animal por un periodo de tiempo prolongado

vegetación — conjunto de las plantas que crecen en un lugar

Más información

Libros

The Extraordinary Travels of Animals on Land; They Walk the Earth. Seymour Simon. (Browndeer Press/Harcourt).

The Journey, Stories of Migration. Cynthia Rylant. (Scholastic).

Serengeti Migration: Africa's Animals on the Move. Lisa Lindblad. (Hyperion).

Nature's Minibeasts: Army Ants. Clint Twist. (Gareth Stevens).

Índice

Información sobre la autora

Thea Feldman lieva más de 25 años escribiendo y corrigiendo libros para niños. Además, escribe sobre amimales y el medio ambiente para una organización internacional de conservación. Thea vive en la ciudad de Nueva York, donde observ la migración diaria de su gata, Zoe, desde el sofá hasta la concina.